# 菓子屋ギンガの
# クッキーと焼き菓子

内田真規子

PHP研究所

菓子屋ギンガは、山梨県の南アルプスの麓、白州にある小さなお店です。
ここで日々、植物性の素材を使った、
ヴィーガンのお菓子をせっせと焼いています。

この本では、菓子屋ギンガの定番のクッキーを中心に、
ケーキ、マフィン、スコーン、タルト、パイなどの焼き菓子を、
家庭で作りやすい配合で紹介します。
小窓からのぞくように、そっとページをめくってみてください。

ヴィーガンのお菓子というと、卵・乳製品・バターを使わないため、
一見、とても不自由なものに受け取られることがあります。
確かに、いわゆる一般のお菓子とは使う食材が変わるので、味わいも異なります。
でも、どちらも人を楽しませるお菓子として素晴らしく、
比べられるものではありません。
味の個性がちがう、別のジャンルのお菓子だと思うのです。

わたしにとって、ヴィーガンのお菓子の魅力は、
素材の味がまっすぐに伝わること。
粉の味わい。
ナッツの風味、食感。
スパイス、ハーブの香り。
旬の果物たち。

食材のひとつひとつに耳を傾け、工夫を重ねながら、
ひとつのカタチにすること。
そのワクワクした気持ちが、食べる人に少しでも伝わるといいなと思いながら
お菓子を焼いています。

この本を手にしてくださった方が、
ヴィーガンのお菓子作りを楽しんでいただけますように。

# 目次

## 1章
## ギンガの定番クッキー

コリアンダーソルト …… 10

メープルクッキー …… 12

バニラココ …… 14

カカオミント …… 16

キャラウェイナッツパイ …… 18

米粉ピーナッツバターガレット …… 22

レモンスティック …… 24

オートミールスティック …… 26

カモミールクッキー …… 28

ローズクッキー …… 29

エスプレッソショートブレッド／抹茶ショートブレッド …… 32

カラメルナッツタルト …… 36

雑穀ビスコッティ（モカ）…… 40

雑穀ビスコッティ（プレーン）…… 41

〈本書のレシピについて〉
◎オーブンの温度と焼き時間は、ガスオーブンを使用した場合の目安です。
　メーカーや機種により火力に差があるので、様子を見ながら調整してください。
◎オーブンのくせを知ることも大切。
　奥が焦げやすいなど、火力のムラがあれば、均一に焼けるように、途中で前後を入れ替えるなどしてください。
◎小さじ1は5cc、大さじ1は15ccです。

2章

# ギンガの焼き菓子

ケーキ, マフィン, スコーン, タルト, パイ

バナナチョコチップブレッド ······ 46

レモンケーキ ······ 48

キャロットケーキ ······ 50

トーフショコラ ······ 52

キャロブマフィン／ブルーベリーマフィン ······ 54

カランツ＆ココナッツスコーン ······ 58

メープルスコーン ······ 59

ラベンダービスケット ······ 62

ナッククリームタルト ······ 64

果実の焼きタルト ······ 65

りんごパイ ······ 70

バナナカルダモンパイ ······ 71

# 冷たいデザート

ストロベリーアイスクリーム ······ 76

ヴィーガンプリン ······ 77

材料と道具について ······ 80

菓子屋ギンガのこと ······ 86

# 1章 ギンガの定番クッキー

# コリアンダーソルト

爽やかなコリアンダーとまろやかな塩気。
はじめての味わいに、ひと口かじると小さなおどろきが。
菓子屋ギンガの人気のクッキー。

約4cm×6cmの葉っぱ型　約24枚分

★ ・薄力粉 —— 80g
・アーモンドプードル —— 40g
・コリアンダーパウダー —— 小さじ1
・塩 —— ひとつまみ

★★ ・なたね油 —— 20g
・てんさい糖シロップ (p.82) —— 45g

・塩 —— 適量
　まろやかな塩気をもつ
　〈ゲランドの塩〉(粗塩)がおすすめ

### 準備
○オーブンは170℃に予熱する。

**1**
ボウルに★を入れ、泡立て器で混ぜる。
別のボウルで混ぜ合わせた★★を加え、ゴムベラでさっくりと混ぜる。
カードに持ち替え、粉気がなくなるまで切るように混ぜる。
生地を手で押さえ、ひとまとめにする。

粉が見えなくなったら
手を止める。
混ぜすぎると生地が
かたくなるので注意。

**2**
めん棒で約4mm厚さに伸ばす。
抜き型に薄力粉(分量外)をつけ(くっつき防止)、
生地を抜く。
残った生地はひとまとめにし、
再びめん棒で伸ばして型で抜く。

**3**
オーブンペーパーを敷いた天板に並べ、
ナイフで葉脈を描く。
粗塩をふりかけ、手で軽く押さえる。
160℃のオーブンで13〜14分焼く。

# メープルクッキー

直径約6cmの太陽型　約20枚分

- 薄力粉 —— 90g
- 全粒粉 —— 20g
- シナモンパウダー —— 少々
- 塩 ふたつまみ

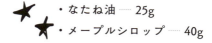
- なたね油 —— 25g
- メープルシロップ —— 40g

- メープルシロップ —— 適量
- 豆乳（無調整）—— 少々

### 準備
○ オーブンは170℃に予熱する。

粉が見えなくなったら手を止める。混ぜすぎるとかたくなるので注意。

**1** ボウルに★を入れて泡立て器で混ぜる。
別のボウルで混ぜ合わせた★★を加え、ゴムベラでさっくりと混ぜる。
カードに持ち替え、粉気がなくなるまで切るように混ぜる。
生地を手で押さえ、ひとまとめにする。

めん棒で約4mm厚さに伸ばす。
抜き型に薄力粉（分量外）をつけ（くっつき防止）、
生地を抜く。
残った生地はひとまとめにし、
再びめん棒で伸ばして型で抜く。

**2**

**3** オーブンペーパーを敷いた天板に並べる。
メープルシロップに豆乳を加えて薄め、
好みの箇所に指で塗る（色づけのため）。
160℃のオーブンで13～14分焼く。

シンプルな材料で作るクッキー。メープルシロップの香ばしさと、やさしい甘さ。好きな場所にシロップで焼き色をつけると楽しい仕上がりに。

バニラとココナッツの白くて丸い、ゆきんこのようなクッキー。

外は香ばしく、中はほろりと焼き上げる。ころころころころ……まあるくなあれ。

# バニラココ

約18個分

★
- 薄力粉 — 90g
- ココナッツパウダー — 30g
- アーモンドプードル — 20g
- てんさい糖 — 30g
- 塩 ひとつまみ

固まっている場合は湯せんで溶かす

★★
- ココナッツオイル（なたね油でもよい）— 40g
- バニラエキストラクト — 小さじ1

オーガニックのものを使用

- 粉砂糖 — 適量

### 準備

○ オーブンは170℃に予熱する。

ボウルに★を入れ、泡立て器で混ぜる。
別のボウルで混ぜ合わせた★★を加え、
ゴムベラでさっくりと混ぜる。
カードに持ち替え、かたまりをほぐしながら、
粉気がなくなるまで切るように混ぜる。
生地を手で押さえ、ひとまとめにする。

### 1

大きさが違うと焼き上がりにムラが出る。

### 2

生地を約11gずつ計量し、
オーブンペーパーを敷いた天板に、
丸めながら並べる。

### 3

170℃のオーブンで
18〜20分焼き、冷ます。
粉砂糖を全体にまぶす。

# カカオミント

<small>外径約6.8cmのドーナツ型　約13枚分</small>

- 薄力粉 —— 70g
- 全粒粉 —— 15g
- アーモンドプードル —— 35g
- カカオマス（刻む）—— 12g
- てんさい糖 —— 10g
- 有機ペパーミントティーの茶葉
  （大きい茶葉は細かく刻む）—— 小さじ1
- 塩 —— ひとつまみ

- なたね油 —— 20g
- てんさい糖シロップ (p.82) —— 40g
- ペパーミントエキストラクト —— 小さじ1弱

ペパーミント
エキストラクトは
化学香料や
薬品不使用のものを。

### 準備
○ オーブンは170℃に予熱する。

ボウルに★を入れ、
泡立て器で混ぜる。
別のボウルで
混ぜ合わせた★★を加え、
ゴムベラでさっくりと混ぜる。

カードに持ち替え、
粉気がなくなるまで
切るように混ぜる。
生地を手で押さえ、
ひとまとめにする。

めん棒で約4mm厚さに伸ばす。
抜き型に薄力粉（分量外）をつけ（くっつき防止）、
生地を抜く。
残った生地はひとまとめにし、
再びめん棒で伸ばして型で抜く。
オーブンペーパーを敷いた天板に並べ、
160℃のオーブンで13〜14分焼く。

大人版チョコミントクッキーの
イメージで"カカオミント"と
名づけた、人気の定番クッキー。
ほろ苦いカカオと、
ミントの香りを焼き込んだ、
ちょっと贅沢な味。

焼く前　　包む前

# キャラウェイナッツパイ

約24個分

- 薄力粉 — 85g
- 全粒粉 — 15g
- てんさい糖 — 20g
- キャラウェイシード — 小さじ 2/3
- 塩 — ひとつまみ

★
- なたね油 — 25g
- 水 — 25g

- ピーカンナッツのカラメリゼ（右ページ）— 適量

☆
- てんさい糖シロップ (p.82) — 小さじ 2
- 豆乳（無調整）— 小さじ 1

- 岩塩 — 適量

# ピーカンナッツのカラメリゼ

そのまま食べてもおいしい。おつまみやおやつに。

作りやすい分量

- ピーカンナッツ ―― 100g ……… 160℃のオーブンで 12分ほどロースト
- てんさい糖シロップ (p.82) ―― 大さじ3

てんさい糖シロップを
厚手の鍋に入れ、
中火にかける。
沸いて泡が大きくなり、
水分が減ってきたら、
ピーカンナッツを加える。

鍋底が焦げないように
ゴムベラ(耐熱)で
混ぜ続け、
香ばしい香りがして、
つやが出てきたら
火を止める。

バットに広げて冷ます(やけどに注意)。
冷めたら密閉容器に入れて
保存する。

### 準備

- ★★をボウルに入れ、使う直前まで冷蔵庫で冷やす(作業しやすくなる)。
- オーブンは180℃に予熱する。
- ピーカンナッツのカラメリゼは半分に切る。

## 1

ボウルに★を入れ、泡立て器で混ぜる。
混ぜ合わせた★★を加え、
ゴムベラでさっくりと混ぜる。
カードに持ち替え、
粉気がなくなるまで切るように混ぜる
(生地がかたく扱いにくい場合は、少量ずつ水を足す)。

**2** 生地を手で押さえ、
カードで半分に切って上に重ね、
ひとまとめにする。

**3** 生地の半量を取り、
めん棒で約2mm厚さに伸ばす。
直径5cmの丸型に
薄力粉（分量外）をつけ（くっつき防止）、生地を抜く。
残った生地はひとまとめにし、
再びめん棒で伸ばして型で抜く。
残りの半量も同様に。

半量ずつの方が
作業しやすい。

**4** ピーカンナッツのカラメリゼを包み、
オーブンペーパーを敷いた天板に並べる。
☆を混ぜ合わせ、
刷毛で二度塗りする。
岩塩をふりかけ、
170℃のオーブンで18〜20分焼く。

生地にピーカンナッツ1/2個をのせて
3カ所を寄せ集め、
真ん中を指でなじませて閉じる。

キャラウェイナッツパイ

食べたことのないお菓子を目指して作ったプチパイ。
カラメリゼしたピーカンナッツをキャラウェイ入りの生地で包む。
食感もカタチも楽しい、ギンガの自信作。

# 米粉ピーナッツバターガレット

ピーナッツバターを焼き込んだ、菓子屋ギンガのオリジナルガレット。米粉とアーモンドでホロリとした食感に。みそをほんの少し加えることで塩気とコクを。

直径5cmの丸型　約5個分

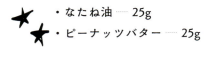

★
- 米粉 — 80g
- 塩 — 小さじ1/8

富澤商店の「製菓用米粉」を使用

★★
- なたね油 — 25g
- ピーナッツバター — 25g

☆
- てんさい糖シロップ（p.82）— 10g
- ピーナッツバター — 10g
- 豆乳（無調整）— 5g
- みそ（お好みのもの）— 1g

ピーナッツバターは有機のスムースタイプを使用。

- てんさい糖シロップ（p.82）— 35g
- スライスアーモンド — 10g

150℃のオーブンで12分ほどロースト

**準備**
○ オーブンは180℃に予熱する。

## 1

ボウルに★を入れ、泡立て器で混ぜる。
別のボウルで混ぜ合わせた★★を加え、
ゴムベラで混ぜてなじませる。
てんさい糖シロップを加えて
ゴムベラで軽く混ぜ、
カードに持ち替え、
粉気がなくなるまで切るように混ぜる。
アーモンドも加え、
割れないように全体を混ぜる。
生地を手で押さえ、ひとまとめにする。

## 2

型の中で生地を指で押し広げてから抜くとよい。

めん棒で約1cm厚さに伸ばす。
抜き型に薄力粉（分量外）をつけ（くっつき防止）、
生地を抜き、形をととのえる。

## 3

オーブンペーパーを敷いた天板に並べ、
170℃のオーブンで20分ほど焼き、冷ます。
混ぜ合わせた☆を刷毛で二度塗りし、
180℃に予熱したオーブンで7〜8分焼く。

約13本分

★
- 薄力粉 —— 90g
- アーモンドプードル —— 30g
- 片栗粉 —— 15g
- 塩 —— ひとつまみ

★★
- なたね油 —— 25g
- てんさい糖シロップ (p.82) —— 35g
- レモンの皮のすりおろし —— 1個分
- レモン果汁 —— 15g

レモンはノーワックス、防カビ剤不使用のもの、無農薬や減農薬のものがおすすめ

☆
- てんさい糖シロップ (p.82) —— 小さじ2
- 豆乳（無調整） —— 小さじ1

- ピスタチオ（粗めに刻む） —— 適量

### 準備

○ オーブンは170℃に予熱する。

## 1

ボウルに★を入れ、
泡立て器でよく混ぜる
（片栗粉がダマにならないように）。
別のボウルで混ぜ合わせた★★を加え、
ゴムベラでさっくりと混ぜる。
カードに持ち替え、
粉気がなくなるまで切るように混ぜる。
生地を手で押さえ、ひとまとめにする。

粉が見えなくなったら手を止める。混ぜすぎると生地がかたくなるので注意。

# レモンスティック

レモンの風味がたっぷり。厚めに焼いて、ほろっとした食感に。
香りがとばないように、低温でゆっくりと焼き上げる。
ピスタチオをトッピングして彩りよく。

めん棒で厚さ1cm、
幅7.5cmに伸ばす。
端を切り落とし、
1.5cm幅に切る。

オーブンペーパーを敷いた天板に並べ、
混ぜ合わせた☆を刷毛で二度塗りする。
ピスタチオを散らし、
手で軽く押さえる。
160℃のオーブンで22～23分焼く。

# オートミールスティック

素朴なオートミールクッキーをスマートなスティック形に。
二度焼きすることでザクザクとした食感に焼き上げる。
シナモンとココナッツが香ばしい。

18cmの角型　1台分

- オートミール —— 70g　　粒が大きめの有機オートミールを使用。フードプロセッサーで粗く砕く
- ココナッツファイン —— 55g
- 薄力粉 —— 45g
- てんさい糖 —— 40g
- シナモンパウダー —— 小さじ2/3
- 塩 —— ふたつまみ
- なたね油 —— 40g
- 水 —— 35g

### 準備

○ 型にオーブンペーパーを敷く。
○ オーブンは170℃に予熱する。

**1**

ボウルに★を入れ、泡立て器で混ぜる。
なたね油を加え、
ゴムベラで切るように混ぜる。
水を加え、同様に混ぜる。

焼き上がりに
ムラが出ないよう
全体をしっかり混ぜる。

**2**

型に生地を入れ、
均一の厚さに広げる。
ゴムベラで表面を平らに押し固める。
160℃のオーブンで28分ほど焼く。

**3**

冷めたら型から出して半分に切り、
それぞれ9等分に切り分ける。
オーブンペーパーを敷いた
天板に並べ、
180℃に予熱したオーブンで
7〜8分焼く。

27

# カモミールクッキー

ハーブティーの茶葉を使った
ナチュラルなアイシングクッキー。
カモミールがやさしく香る。
イエローのアイシングが、ひだまりのよう。

# カモミールクッキー

直径3cmの丸型　約18枚分

- 薄力粉 —— 80g
- アーモンドプードル —— 30g
- 片栗粉 —— 15g
- カモミールティーの茶葉 —— 大さじ1
- 塩 —— ひとつまみ

- なたね油 —— 25g
- てんさい糖シロップ（p.82）—— 35g
- レモン果汁 —— 5g

- 粉砂糖 —— 15g
- オレンジジュース（果汁100%）—— 小さじ3/4（かたさにより調節）

- カモミールティーの茶葉（飾り用）—— 適量

＊作り方は共通（写真はカモミールクッキー）。

- オーブンは170℃に予熱する。
- 茶葉は茎などのかたいところを細かく刻む。

**1**

カードでかたまりをほぐしながら、しっかり切り混ぜる。

ボウルに★を入れ、泡立て器で混ぜる。別のボウルで混ぜ合わせた★★を加え、ゴムベラでさっくりと混ぜる。カードに持ち替え、粉気がなくなるまで切るように混ぜる。生地を手で押さえ、ひとまとめにする。

# ローズクッキー

直径3cmの丸型　約18枚分

- 薄力粉 —— 80g
- アーモンドプードル —— 30g
- 片栗粉 —— 15g
- ローズティーの茶葉 —— 大さじ1
- 塩 —— ひとつまみ

- なたね油 —— 25g
- てんさい糖シロップ(p.82) —— 35g
- レモン果汁 —— 5g
- ローズウォーター(あれば) —— 数滴

☆
- 粉砂糖 —— 15g
- ぶどうジュース(果汁100%) —— 小さじ3/4(かたさにより調節)

- ローズティーの茶葉(飾り用) —— 適量

めん棒で約1cm厚さに伸ばす。
抜き型に薄力粉(分量外)をつけ(くっつき防止)、
生地を抜く。
残った生地はひとまとめにし、
再びめん棒で伸ばして型で抜く。

オーブンペーパーを敷いた天板に並べ、
160℃のオーブンで22分ほど焼き、冷ます。
☆を混ぜ合わせてとろりとしたアイシングを作り、
スプーンなどで表面に塗る。
飾り用の茶葉を散らす。
100℃に予熱したオーブンで30秒〜1分焼き、
アイシングを乾かす。

# 抹茶ショートブレッド

抹茶の奥深い味わいに
マカダミアナッツのまろやかな甘みと
軽やかな食感。
抹茶パウダーは香りのよいものを使うと
よりおいしく仕上がる。

# エスプレッソショートブレッド

ヴィーガンのショートブレッドを作りたい！と
カタチにしたクッキー。
コーヒー、くるみ、少しのごまバター（タヒニ）で、
ほろ苦い大人なショートブレッドに。

# エスプレッソショートブレッド

約8本分

★
- 薄力粉 —— 85g
- アーモンドプードル —— 25g
- くるみ（細かく刻む）—— 15g  ……160℃のオーブンで12分ほどロースト
- てんさい糖 —— 5g
- コーヒー —— 小さじ2  ……有機インスタントコーヒーを使用
- 塩 —— ひとつまみ

★★
- なたね油 —— 25g
- てんさい糖シロップ (p.82) —— 35g
- ごまバター（タヒニ）—— 5g  ……生のごまをペースト状にしたもの

＊作り方は共通（写真はエスプレッソショートブレッド）。

**準備** ○オーブンは170℃に予熱する。

ボウルに★を入れ、泡立て器で混ぜる。
別のボウルで混ぜ合わせた★★を加え、
ゴムベラでさっくりと混ぜる。
カードに持ち替え、
粉気がなくなるまで切るように混ぜる。
生地を手で押さえ、ひとまとめにする。

# 抹茶ショートブレッド

約8本分

- 薄力粉 —— 85g
- アーモンドプードル —— 25g
- マカダミアナッツ（粗めに刻む） —— 15g
- 抹茶パウダー —— 5g
- 塩 ひとつまみ

150℃のオーブンで12分ほどロースト

- なたね油 —— 25g
- てんさい糖シロップ(p.82) —— 35g
- ごまバター（タヒニ） —— 5g

生のごまをペースト状にしたもの

めん棒で厚さ1cm、幅7.5cmに伸ばす。端を切り落とし、2.2cm幅に切る。

3

オーブンペーパーを敷いた天板に並べ、160℃のオーブンで25分ほど焼く。

# カラメルナッツタルト

豆乳やてんさい糖で作ったカラメルソースを、ナッツにからめてフィリングに。
ナッツはいくつかの種類を混ぜると、いろんな味わいと食感が楽しめる。

上径8cm、底径6cm、深さ1.5cmのミニタルト型　7個分

- 薄力粉 —— 70g
- 全粒粉 —— 30g
- ココアパウダー —— 10g
- 塩 ひとつまみ

- なたね油 —— 30g
- 豆乳（無調整）—— 50g
- 米あめ —— 30g
- てんさい糖 —— 25g
- コーヒー 小さじ1/4
- 塩 ひとつまみ

有機インスタントコーヒーを使用

- なたね油 —— 25g
- てんさい糖シロップ（p.82）—— 30g
- 豆乳（無調整）—— 15g

アーモンド、マカダミアナッツ、くるみ、ピーカンナッツ、パンプキンシードを使用

- ナッツ類 —— 120g
- レーズン（かたまりはほぐす）—— 20g

**準備**
- ナッツ類は160℃のオーブンで12分ほどローストする（マカダミアナッツは150℃で12分ほどローストし、半分に切る）。
- オーブンは180℃に予熱する。

**1** ボウルに★を入れ、泡立て器で混ぜる。
別のボウルで混ぜ合わせた★★を加え、
ゴムベラでさっくりと混ぜる。
カードに持ち替え、
粉気がなくなるまで切るように混ぜる。
生地を手で押さえ、ひとまとめにする。

**2** 生地を計量して7等分にし、型に入れる。
底と側面に合わせて押し広げ、
厚みを均一にする。

型を回転させながら、親指と人差し指で縁をつまんでととのえる。

## 3

底にフォークで穴をあけ（ピケ）、
天板に並べ、
170℃のオーブンで
14分ほど焼いて冷ます。

## 4

鍋に☆を入れて中火にかけ、
ゴムベラで混ぜながら
とろみがつくまで加熱する。
沸いたら火を止めて、
ナッツ類と
レーズンを加え、
ゴムベラで混ぜる。

茶色に色づき、
ふつふつと
泡が全体に
沸いたら、
ナッツ類を
加える。

## 5

4を3のタルト生地に均等に入れる。
オーブンを180℃に予熱し、
170℃で13〜15分焼く。

雑穀ビスコッティ（モカ）

たっぷり入れたスライスアーモンドと煎った黒豆の食感が楽しい。
黒ごま、ココア、アマニを焼き込んで滋養たっぷりのビスコッティに。

# 雑穀ビスコッティ（プレーン）

クランベリーの甘酸っぱさと、雑穀の滋味な味わい。
隠し味のジンジャーパウダーで、すっきりとしたあと味に焼き上げる。

# 雑穀ビスコッティ（モカ）

約16本分

- 薄力粉 —— 80g
- 全粒粉 —— 25g
- ココア —— 10g
- 雑穀類 —— 25g
- てんさい糖 —— 30g
- コーヒー —— 小さじ 1/2
- ベーキングパウダー —— 小さじ 1/2
- 塩 —— ひとつまみ

オートミール 20g、アマニ小さじ 1、黒ごま小さじ 1 を使用

有機インスタントコーヒーまたは穀物コーヒーを使用

- なたね油 —— 20g
- 豆乳（無調整） —— 55g
- 片栗粉 —— 小さじ 1/2
- ラム酒 —— 小さじ 1/2

150℃のオーブンで 12 分ほどロースト

- スライスアーモンド —— 30g

カカオ分 61% の有機チョコレートを使用

- チョコレート（約 1cm 角に刻む） —— 30g
- 黒豆（煎ったもの） —— 30g

〈作り方〉黒豆を半日〜一晩水に浸け、ざるに上げて 2〜3 時間水をきり、170℃のオーブンで 30〜40 分焼く（市販品でも良い）。

＊作り方は共通（写真はプレーン）。

### 準備
○ オーブンは 190℃に予熱する。

**1** ボウルに★を入れ、泡立て器で混ぜる。別のボウルで混ぜ合わせた★★を加え、ゴムベラで練らないように混ぜる。アーモンドも加え、割れないようにさっくりと混ぜる。

**2** 生地を手で押さえてまとめ、カードを使って折りたたむ。粉気がなくなるまでくり返す。

## 雑穀ビスコッティ（プレーン）

約16本分

- 薄力粉 —— 80g
- 全粒粉 —— 25g
- 雑穀類 —— 25g　　オートミール20g、アマニ小さじ1、白ごま小さじ1を使用
- てんさい糖 —— 30g
- ジンジャーパウダー —— 小さじ 1/4
- ベーキングパウダー —— 小さじ 1/2
- 塩 —— ひとつまみ

- なたね油 —— 20g
- 豆乳（無調整）—— 55g
- 片栗粉 —— 小さじ 1/2
- レモン果汁 —— 小さじ 1/2

- スライスアーモンド —— 30g

150℃のオーブンで12分ほどロースト

☆・ドライクランベリー —— 30g

**3** 生地を手で広げ、☆を均等に散らす。
手前から巻き、厚さ2cm、幅7cm、長さ約20cmにととのえる。
オーブンペーパーを敷いた天板にのせ、180℃のオーブンで20分ほど焼いて冷ます。

**4** オーブンを170℃に予熱する。
波形包丁で前後に引きながら約1cm幅に切る。
再び天板に並べ、160℃で23〜25分焼く。

## 2章 ギンガの焼き菓子

ケーキ , マフィン , スコーン , タルト , パイ

# バナナチョコチップブレッド

バナナ&チョコレートは、
大人も子どもも大好きな組み合わせ。
生地の甘さは控えめなので、朝食にもおすすめ。
チョコレートはぜひお気に入りのおいしいものを。

18cm×8cm×高さ6cmのパウンド型　1台分

- 薄力粉 —— 170g
- ベーキングパウダー —— 小さじ2
- 塩 —— ひとつまみ

- てんさい糖 —— 40g

- なたね油 —— 50g
- 豆乳(無調整) —— 130g
- 甘酒(濃縮タイプ) —— 20g

- バナナ —— 120g
- チョコレート(粗めに刻む) —— 60g

カカオ分 61% の
有機チョコレートを使用。
チョコチップタイプでも可

### 準備
- 型にオーブンペーパーを敷く。
- オーブンは 190℃に予熱する。
- バナナは半量をフォークでペースト状につぶし、半量を粗めにつぶす。

食感を残すため。

1

具材を加えたら、
練らないように、
そっと底から
返して混ぜる。
混ぜすぎると生地が
かたくなるので注意。

★を合わせてふるい、ボウルに入れる。
てんさい糖を加えて泡立て器で混ぜる。
別のボウルで混ぜ合わせた★★を加え、
ゴムベラでさっくりと混ぜる。
バナナ全量、チョコレートの 2/3 量を加え、
粉気がなくなるまで混ぜる。

2

型に生地を流し入れ、
上に残りの
チョコレートを散らす。

3

180℃のオーブンで 8 分焼き、
真ん中にナイフで切り込みを入れ、
170℃に下げて 28 〜 30 分焼く。

# レモンケーキ

5.5cm×8cmのレモンケーキ型　8個分

- 薄力粉 —— 140g
- アーモンドプードル —— 20g
- ベーキングパウダー —— 小さじ2
- 塩　ひとつまみ

- ポピーシード —— 小さじ1

- なたね油　40g
- 豆乳（無調整）　90g
- てんさい糖シロップ（p.82）　90g
- レモンの皮のすりおろし　1個分
- レモン果汁　40g

レモンはノーワックス、防カビ剤不使用のもの、無農薬や減農薬のものがおすすめ

### 準備

○ オーブンは180℃に予熱する。

## 1

レモン果汁が多めなので、分離しないように★★はしっかり混ぜる。

粉が見えなくなったら手を止める。混ぜすぎると生地がかたくなるので注意。

★を合わせてふるい、ボウルに入れる。ポピーシードを加えて泡立て器で混ぜる。別のボウルでよく混ぜ合わせた★★を加え、ゴムベラで粉気がなくなるまで混ぜる。

昔からの定番・レモンケーキに、
ポピーシードを加えて食感も楽しく。
コロンとした丸みがかわいらしい。

## 2
型に生地を均等に入れ、
170℃のオーブンで 18 ～ 20 分焼く。

型の材質により、
生地を入れる前に
薄く油を塗り、
粉をはたく。

にんじんを加えることで、生地はしっとり。
ほんのりオレンジ色のケーキに。
生地は混ぜすぎないように、さっと仕上げてオーブンへ！

# キャロットケーキ

18cmの角型　1台分

- 薄力粉 — 230g
- シナモンパウダー — 小さじ2
- ジンジャーパウダー — 小さじ1/2
- ナツメグパウダー、クローブパウダー — 各少々
- ベーキングパウダー — 小さじ2と1/2
- 塩　ひとつまみ

- にんじん — 120g
- レーズン — 60g

150℃のオーブンで
5分ロースト

- ココナッツロング — 適量
- パンプキンシード — 適量

- てんさい糖 — 60g
- ココナッツパウダー — 25g

- なたね油 — 70g
- 豆乳（無調整） — 190g
- 甘酒（濃縮タイプ） — 35g

- 粉砂糖 — 80g
- ココナッツミルク — 大さじ1と1/2
  （かたさにより調整）

> **準備**
> ○ オーブンは190℃に予熱する。
> ○ にんじんはフードプロセッサーで細かくするか、粗めにすりおろす。

## 1

★を合わせてふるい、ボウルに入れる。
★★を加えて泡立て器で混ぜる。
別のボウルで混ぜ合わせた☆を加え、
ゴムベラでさっくりと混ぜる。
にんじん、レーズンを加え、
粉気がなくなるまで混ぜる。

具材を加えたら、
練らないように、
そっと底から
返して混ぜる。
混ぜすぎると
生地がかたく
なるので注意。

## 2

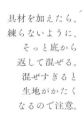

型に生地を入れ、
180℃のオーブンで35分ほど焼く。
冷めたらカットし、
☆☆を混ぜ合わせて
とろりとしたアイシングを作り、
表面に塗る。
ココナッツロング、
パンプキンシード を散らす。

51

カカオが香る甘さ控えめのチョコレートケーキ。
豆腐を少し加えることで生地がしっとり。
フードプロセッサーで、豆腐、水分、油分を
しっかり乳化させることがポイント。

直径7cmのミニクグロフ型　6個分

- 薄力粉 —— 70g
- 強力粉 —— 20g
- ココア —— 35g
- ベーキングパウダー —— 小さじ1
- 塩 —— ひとつまみ

- なたね油 —— 30g
- 豆乳（無調整）—— 75g
- てんさい糖シロップ（p.82）—— 140g
- 米あめ —— 20g
- 甘酒（濃縮タイプ）—— 10g
- ラム酒 —— 小さじ1/2

- 木綿豆腐 —— 45g
- カカオマス —— 20g
- 粉砂糖 —— 適量

### 準備
○ オーブンは180℃に予熱する。
○ 豆腐はゆでて水きりをする。
○ カカオマスは湯せんで溶かす。

**1**

フードプロセッサーに★★を入れ、攪拌する。
豆腐をちぎって加え、粒がなくなるまで攪拌し、
溶かしたカカオマスを加え、さらに攪拌する。

# トーフショコラ

★を合わせてふるい、ボウルに入れる。
1を加え、ゴムベラで粉気がなくなるまで混ぜる。

ディッシャーがあると便利。

型に生地を均等に入れ、
170℃のオーブンで23〜25分焼く。
冷めたら型から外し、
粉砂糖を茶こしてふる。

# ブルーベリーマフィン

山梨に暮らしていてうれしいことのひとつは、
大好きなフルーツが豊富なこと。
ブルーベリーを摘みに行くのも毎年の楽しみ。
夏のはじまりに焼かずにはいられない、
定番マフィン。

# キャロブマフィン

マメ科の植物で、
いなご豆とも呼ばれるキャロブ。
ココアのような風味のキャロブパウダーは、
ノンカフェインで、からだにやさしい素材。
お菓子に混ぜると、こっくりとした風味に。

# キャロブマフィン

上径約7cmのマフィン型　6個分

- 薄力粉 —— 170g
- キャロブパウダー —— 20g
- アーモンドプードル —— 20g
- ジンジャーパウダー —— 小さじ 1/4
- ベーキングパウダー —— 小さじ 2 と 1/2
- 塩 —— ひとつまみ

- てんさい糖 —— 50g

- なたね油 —— 60g
- 豆乳（無調整）—— 160g
- 甘酒（濃縮タイプ）—— 20g

- なたね油 —— 20g
- 豆乳（無調整）—— 30g
- 米あめ —— 30g
- てんさい糖 —— 20g
- キャロブパウダー —— 大さじ1

- ピーナッツ（粗めに刻む）—— 適量

### 準備
- 型にグラシンカップを敷く。
- オーブンは180℃に予熱する。

**1** ★を合わせてふるい、ボウルに入れる。
てんさい糖を加えて泡立て器で混ぜる。
別のボウルで混ぜ合わせた★★を加え、
ゴムベラで粉気がなくなるまで混ぜる。

キャロブパウダーは
かたまりが残りやすいので、
手でほぐしながらふるう。

**2** 時間をかけると
膨らみが悪くなるので注意。
ディッシャーがあると便利。

型に生地を均等に入れ、
170℃のオーブンで23〜25分焼き、
冷ます。

**3** 鍋に☆を入れて中火にかけ、
ゴムベラで混ぜながら、とろみがつくまで加熱する。
粗熱が取れたら、マフィンにかけ、ピーナッツをのせる。

# ブルーベリーマフィン

上径約7cmのマフィン型　6個分

- 薄力粉 —— 180g
- アーモンドプードル —— 20g
- シナモンパウダー —— 小さじ1/4
- ベーキングパウダー —— 小さじ2と1/2
- 塩 —— ひとつまみ

- てんさい糖 —— 50g

- なたね油 —— 60g
- 豆乳（無調整）—— 160g
- 甘酒（濃縮タイプ）—— 20g

- ブルーベリー —— 60g
- カシューナッツ（細かく刻む）—— 適量

### 準備
- 型にグラシンカップを敷く。
- オーブンは180℃に予熱する。

＊作り方は、キャロブマフィンの 1〜2 と同じ。

◉作り方 1 で、★★を加えてゴムベラで粉気がなくなるまで混ぜたあと、ブルーベリーを加え、さっくりと混ぜ合わせる。

◉作り方 2 で、生地を型に入れたあと、上にカシューナッツをのせ、170℃のオーブンで25〜27分焼く。

# カランツ&ココナッツスコーン

カランツは小粒なレーズンの一種。
自然の甘みがぎゅっと詰まったカランツと、
香ばしいココナッツは、
全粒粉の素朴な風味とよく合う。

# メープルスコーン

粉の風味をぎゅっと焼き込んだ
プレーンなスコーン。
アイシングとトッピングで
メープルの香りをまとわせて。

# カランツ & ココナッツスコーン

6個分

- 薄力粉 —— 170g
- 全粒粉 —— 30g
- ココナッツパウダー —— 20g
- てんさい糖 —— 25g
- ベーキングパウダー —— 小さじ1と1/2
- 塩 —— ひとつまみ

- なたね油 —— 50g
- 豆乳（無調整）—— 50g
- 甘酒（濃縮タイプ）—— 15g

かたまりは手でほぐす
- カランツ —— 30g
- 豆乳（無調整）—— 適量

### 準備
○ オーブンは190℃に予熱する。

**1**
ボウルに★を入れ、泡立て器で混ぜる。
別のボウルで混ぜ合わせた★★を加え、
ゴムベラでさっくりと混ぜる。
カランツを加え、カードに持ち替え、
粉気がなくなるまで切るように混ぜる。

**2**
生地をまとめてカードで半分に切り、
上に重ねて手で押さえる。
2〜3回くり返す。

**3**
めん棒で厚さ約2.5cmに伸ばし、
円形にととのえる。
6等分に切り、
オーブンペーパーを敷いた天板に並べる。
豆乳を表面に塗り（ひび割れ防止）、
180℃のオーブンで17〜18分焼く。

# メープルスコーン

6個分

★
- 薄力粉 —— 170g
- 全粒粉 —— 30g
- てんさい糖 —— 25g
- ベーキングパウダー —— 小さじ1と1/2
- 塩　ひとつまみ

★★
- なたね油 —— 50g
- 豆乳（無調整）—— 45g
- 甘酒（濃縮タイプ）—— 15g

- 豆乳（無調整）　適量

☆
- 粉砂糖 —— 大さじ2
- メープルシロップ —— 小さじ1と1/2（かたさにより調整）

- メープルシュガー　適量
  粒が大きい
  フレーク状のもの

**準備**
○ オーブンは190℃に予熱する。

**1** ボウルに★を入れ、泡立て器で混ぜる。
別のボウルで混ぜ合わせた★★を加え、
ゴムベラでさっくりと混ぜる。
カードに持ち替え、粉気がなくなるまで切るように混ぜる。

**2** 生地をまとめてカードで半分に切り、
上に重ねて手で押さえる。
2～3回くり返す。

**3** めん棒で厚さ約2.5cmに伸ばし、
円形にととのえる。
6等分に切り、オーブンペーパーを敷いた天板に並べる。
豆乳を表面に塗り（ひび割れ防止）、
180℃のオーブンで17～18分焼く。

**4** 冷めたら、☆を混ぜ合わせて
とろりとしたアイシングを作り、
表面にかけ、
メープルシュガーをふりかける。

# ラベンダービスケット

スコーンよりも軽いイメージで焼き上げた"ビスケット"。
ラベンダーの香りがお茶の時間にぴったり。ぜひ焼きたてを。

6個分

- 薄力粉 ── 150g
- ココナッツパウダー ── 20g
- てんさい糖 ── 30g
- ラベンダーティーの茶葉 ── 小さじ1と1/2
- ベーキングパウダー ── 小さじ2
- 塩 ── ひとつまみ

固まっている場合は湯せんで溶かす

- ココナッツオイル ── 35g
- 豆乳（無調整）── 60g

- てんさい糖シロップ（p.82）── 小さじ2
- 豆乳（無調整）── 小さじ1

### 準備

○ オーブンは190℃に予熱する。

## 1

ボウルに★を入れ、泡立て器で混ぜる。
別のボウルで混ぜ合わせた★★を加え、
ゴムベラでさっくりと混ぜる。
カードに持ち替え、
粉気がなくなるまで切るように混ぜる。

ラベンダーティーの茶葉は
オーガニックのものを使用。

## 2

生地をまとめてカードで半分に切り、
上に重ねて手で押さえる。
2〜3回くり返す。

## 3

めん棒で厚さ約2.5cmの長方形に伸ばし、
6等分に切る。
オーブンペーパーを敷いた天板に並べ、
混ぜ合わせた☆を刷毛で塗る（つや出し）。
180℃のオーブンで17〜18分焼く。

# ナッツクリームタルト

カシューナッツをまろやかなクリームに仕立て、
フレッシュなフルーツと合わせてタルトに。
季節のフルーツの自然な色合いを楽しんで。

## 果実の焼きタルト

焼き込んだ果実たちは、ぎゅっと甘みが凝縮し、
また新しい味わい。
メープル風味のアーモンドクリームに
果汁が合わさっておいしい。

# タルト生地（共通）

直径16cmのタルト型　1台分

★
- 薄力粉 —— 70g
- 全粒粉 —— 30g
- シナモンパウダー —— ひとつまみ
- 塩 —— ひとつまみ

★★
- なたね油 —— 25g
- てんさい糖シロップ（p.82）—— 30g
- 豆乳（無調整）—— 10g

**準備**

○ オーブンは180℃に予熱する。

1　ボウルに★を入れ、
泡立て器で混ぜる。
別のボウルで
混ぜ合わせた★★を加え、
ゴムベラでさっくりと混ぜる。
カードに持ち替え、
粉気がなくなるまで切るように混ぜる。
生地を手で押さえ、ひとまとめにする。

2　めん棒で型よりひとまわり
大きくなるように伸ばす。
型に入れて余分な生地を
取り除き、ととのえる。

3　フォークで底に
穴をあけ（ピケ）、
170℃のオーブンで
20分ほど焼く。

# アーモンドクリーム（共通）

直径16cmのタルト型　1台分

★
- アーモンドプードル —— 60g
- 全粒粉 —— 25g
- 強力粉 —— 25g
- ベーキングパウダー —— 3g
- 塩 —— ひとつまみ

★★
- なたね油 —— 30g
- 豆乳（無調整）—— 45g
- メープルシロップ —— 30g

ボウルに★を入れ、泡立て器で混ぜる。
別のボウルで混ぜ合わせた★★を加え、
ゴムベラで粉気がなくなるまで混ぜる。

# ナッツクリームタルト

直径16cmのタルト型　1台分

- タルト生地 — p.66の全量
- アーモンドクリーム — p.66の全量

- カシューナッツ（一晩水に浸けてふやかす）— 150g
- メープルシロップ — 30〜40g
- ココナッツオイル — 大さじ1
- 水 — 大さじ1
- 塩 — ひとつまみ

固まっている場合は湯せんで溶かす

- りんごジュース（果汁100%）— 100ml
- くず粉　小さじ1/4
- 粉寒天　小さじ1/8
- 塩 — ひとつまみ

- ラズベリージャム* — 適量
- 季節のフルーツ — 適量 … いちじく、シャインマスカットを使用
- レモン果汁 — 少々
- ピスタチオ（刻む）— 適量

*手作りする場合は、ラズベリーの重量の30%のてんさい糖、レモン果汁少々とともに煮る。

### 準備

- p.66の要領で、タルト生地とアーモンドクリームを作る。
- オーブンは180℃に予熱する。
- ★をフードプロセッサーに入れ、なめらかになるまで撹拌する（カシューナッツクリーム）。
- いちじくは皮をむいてくし形に切り、レモン果汁をふる。シャインマスカットは輪切りにする。

**1** 冷ましたタルト生地の底にラズベリージャムを薄く塗る。アーモンドクリームを入れ、ゴムベラで平らにならす。170℃のオーブンで20分ほど焼き、冷ます。

**2** カシューナッツクリームを全体に塗り、フルーツを盛りつける。鍋に★★を入れてよく混ぜ、中火にかける。沸いたら弱火にし、2分ほど加熱してナパージュを作る。刷毛でフルーツにナパージュを塗り（つや出し）、ピスタチオを飾る。

# 果実の焼きタルト

直径16cmのタルト型　1台分

- タルト生地 …… p.66 の全量
- アーモンドクリーム …… p.66 の全量
- 有機アールグレイティーの茶葉 …… 小さじ1
- バナナ …… 1本（約90g）
- プラム …… 150g（約2個）
- ブルーベリー …… 15粒ほど
- キルシュ …… 小さじ1と1/2
- アプリコットジャム（無糖）…… 適量

### 準備

- p.66 の要領で、タルト生地とアーモンドクリーム（★にアールグレイティーの茶葉を加える）を作る。
- オーブンは180℃に予熱する。
- バナナは輪切りにする。プラムは種を取って一口大に切る。フルーツをボウルに入れ、キルシュを加えてあえ、15分ほどおく。

**1** 冷ましたタルト生地の中にアーモンドクリームを入れ、ゴムベラで平らにする。アプリコットジャムを全体に塗る。

**2** フルーツを盛りつけ、170℃のオーブンで30〜35分焼く。

# りんごパイ

毎年焼くりんごパイは、りんごのおいしい季節のお楽しみ！
植物性のパイ生地はお気に入りのレシピ。
焼き込んだりんごのおいしさがまっすぐに伝わりますように。

# バナナカルダモンパイ

アーモンドクリームとバナナを合わせたフィリングに、
"スパイスの女王"と呼ばれるカルダモンをほんのりまとわせて。

# パイ生地（共通）

作りやすい分量（約12cm角 4枚分）

★
- 薄力粉 —— 130g
- 全粒粉 —— 20g
- 強力粉 —— 50g
- てんさい糖 —— 10g
- 塩 —— ふたつまみ

オーガニックのものを使用

- ショートニング（冷やしておく）—— 50g
- なたね油 —— 大さじ3
- 冷水 —— 大さじ3〜（状態を見て調整）

1. フードプロセッサーに★とショートニングを入れ、軽く撹拌する。なたね油を加えて撹拌し、冷水を加えてさらに撹拌する。

生地がポロポロしたかたまりになれば完成。水分が足りなければ水を加え、ゆるければ薄力粉を加えて調整。

2. 生地をボウルに移してまとめ、カードで半分に切って上に重ね、手で押さえる。3〜4回くり返す。ラップに包んで冷蔵庫で30分〜1時間冷やす（扱いやすくなる）。

3. 生地を4等分にし、めん棒でそれぞれ2mm厚さに四角く伸ばし、約12cm角にカットする。

# りんごパイ

4個分

- パイ生地 —— p.72の全量
- アーモンドクリーム —— p.66の約半量
- りんご（紅玉など）—— 1個
- ココナッツオイル —— 適量
  - 酸味があって煮崩れしにくい品種がおすすめ
  - 固まっている場合は湯せんで溶かす

★
- てんさい糖 —— 適量
- シナモンパウダー —— 適量
- レモン果汁（お好みで）—— 適量
- 塩 —— ひとつまみ

- てんさい糖シロップ（p.82）—— 適量
- 豆乳（無調整）—— 少々

### 準備

○ p.72の要領でパイ生地を作る。余り生地で葉っぱを4枚作る。

### 1

味をしみ込みやすくする。

りんごは皮をむいて4等分に切り、斜めに5～6本切り目を入れる。ココナッツオイルを刷毛で塗って★を順にふりかけ、200℃に予熱したオーブンで12分ほど焼き、冷ます。

### 2

オーブンを200℃に予熱する。
生地にアーモンドクリームをのせ、りんごをのせる。
角を折りたたんで包み、真ん中に葉っぱ形の生地をのせる。
表面にてんさい糖シロップを豆乳で薄めたものを刷毛で塗り、190℃のオーブンで30～35分焼く。

焼き色をつけるため。

73

# バナナカルダモンパイ

4個分

- パイ生地 —— p.72 の全量
- バナナ —— 2/3 本

★
- アーモンドクリーム —— p.66 の約半量
- カルダモンパウダー —— 小さじ 1/2

- てんさい糖シロップ (p.82) 適量
- 豆乳 (無調整) 少々

### 準備
- p.72 の要領でパイ生地を作る。
- オーブンは 200℃ に予熱する。

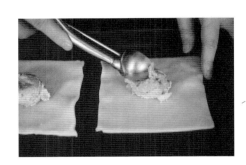

## 1
バナナは角切りにして★と混ぜ合わせる。
生地に均等にのせる。

ディッシャーがあると便利。

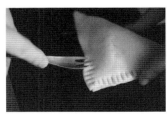

## 2
三角形に折りたたみ、
フォークで縁を押さえて筋を入れる。
ナイフで模様を描く。

## 3
表面にてんさい糖シロップを豆乳で薄めたものを
刷毛で塗り (焼き色をつけるため)、
190℃のオーブンで 25〜28 分焼く。

冷たい

## ストロベリーアイスクリーム

手製のアイスクリーム作りは楽しい。
いちごを煮詰めて作るソースは、
果肉のつぶつぶの食感を残すのがポイント。
かわいらしいピンク色のアイスクリームのできあがり。

デザート

## ヴィーガンプリン

豆乳とココナッツミルク、
かぼちゃフレークで、まろやかに。
ほろ苦いカラメルソースと合わせると、
ヴィーガンプリンが完成。

# ストロベリーアイスクリーム

作りやすい分量

- いちご —— 200g
- ★ てんさい糖 —— 60g
- レモン果汁 —— 5g

- ★★ 木綿豆腐 —— 200g
- ココナッツミルク —— 150g
- メープルシロップ —— 100g
- なたね油 —— 50g

**準備**
○ 豆腐はゆでて水きりをする。

1 いちごソースを作る。いちごはヘタを取って半分に切る。★とともに鍋に入れ、中火にかける。好みの加減につぶしながら、とろみがつくまで煮る。

2 フードプロセッサーに★★を入れ、なめらかになるまで攪拌する。バットに流し入れ、1を加えて混ぜ合わせる。

3 冷凍庫に入れ、30分〜1時間ごとにかき混ぜながら凍らせる（混ぜることでなめらかになる）。容器に入れ、冷凍庫で保存。

＊食べる前に常温におき、ちょうどいい固さになったら全体を練るとよい。
＊3の工程はアイスクリームメーカーを使ってもよい。

# ヴィーガンプリン

180〜200mℓの容器　5個分

[カラメルソース]
・てんさい糖 ─ 50g
・水 ─ 大さじ1と1/2
・湯 ─ 大さじ2

・豆乳（無調整）─ 350g
・ココナッツミルク ─ 200g
・水 ─ 100g
・くず粉 ─ 10g
・かぼちゃフレーク ─ 大さじ1
・粉寒天 ─ 小さじ1/2
・てんさい糖 ─ 50g
・塩 ─ ひとつまみ

## 1

カラメルソースを作る。
鍋にてんさい糖と水を入れ、中火にかける。
鍋を揺すってなじませる。
沸いて焦げ茶色になり、
大きな気泡が小さくなったら、
火から下ろして湯をそっと加える。
再び火にかけ、なめらかになったら火を止める。
容器に均等に流し入れ、冷蔵庫で冷やしておく。

## 2

くず粉を鍋に入れ、
分量の水を少しずつ加えて溶く。
かぼちゃフレーク、粉寒天を加えて溶かす。
残りの材料を加え、
ゴムベラで混ぜながら中火にかける。
沸いたら弱火にし、2分ほど加熱する。
1の容器に注ぎ、冷蔵庫で冷やし固める。

# 材料と道具について

この本のレシピに使用した基本的な材料と、お菓子作りに必要な道具を紹介します。

# 材料と道具について

## 〈粉類〉

### 薄力粉
本書では北海道産薄力粉「ドルチェ」を使用。ほかの粉を使う場合は、様子を見ながら水分量を調整する。

### 強力粉
北海道産を使用。タンパク質、グルテンが多い小麦粉。加えると生地にコシや弾力が出る。

### 全粒粉
北海道産を使用。小麦を丸ごと挽いたもので、香ばしい風味がある。

### 米粉
米を粉にしたもの。使う銘柄によって水分量の調整が必要。本書では富澤商店の「製菓用米粉」を使用。

### アーモンドプードル
アーモンドの粉末。コクや風味が加わり、クッキーはさくさく、ケーキ類はしっとりする。

### 片栗粉
北海道産を使用。生地に混ぜると食感が軽くなる。

### ベーキングパウダー Ⓐ
焼き菓子をふくらませる膨張剤。アルミニウム不使用のものを使用。保存の際はしっかり密閉し、湿気に注意する。

### 塩 Ⓑ
ゲランドの塩やヒマラヤ岩塩などの自然塩を、作るものによって使い分ける。生地に混ぜ込むときは、粒子の細かいものを。

## 〈油〉

### なたね油 Ⓒ
遺伝子組み換えをしていない「なたね」が原料の、圧搾法一番搾りの油を使用。軽くてクセがなく、お菓子作りに使いやすい。

### ココナッツオイル Ⓓ
香りがないタイプの有機ココナッツオイルを使用。低温で固まる性質があるため、液体に戻すときは湯せんする。

### オーガニックショートニング Ⓔ
有機栽培されたパーム油を原料にした、トランスファットフリーのものを使用。

## 〈甘み〉

### てんさい糖 Ⓕ
サトウダイコン（甜菜）から作られ、天然のミネラルを多く含む。やさしい甘みで、後味がよい。

### メープルシロップ Ⓖ
サトウカエデなどの樹液を煮詰めて作った甘味料。独特の風味とコクがある。固体状になったものがメープルシュガー。

### 米あめ Ⓗ
米を麦芽で糖化させて作られる甘味料。自然な甘さで、ケーキ類に加えるとしっとりする。

### 甘酒 Ⓘ
主な原料は米と米麹。酒粕を使ったものもある。本書では「オーサワの有機玄米甘酒（なめらか）」（濃縮タイプ）を使用。

## 〈その他〉

### 豆乳 Ⓙ
無調整の有機豆乳を使用。

### ココナッツミルク Ⓚ
有機栽培されたココナッツで作られたものを使用。

---

## てんさい糖シロップの作り方

作りやすい分量

- てんさい糖 —— 300g
- 水 —— 160g

厚手の鍋に材料を入れ、中火にかける。
沸いたら火を止め、泡立て器で混ぜる。
冷めたら容器に入れて冷蔵庫で保存。

# 材料と道具について

### ボウル L
生地を混ぜ合わせたり、材料を湯せんするときに。サイズは大小あるとよい。

### 粉ふるい M
ケーキ類を作るときに、ダマにならないように粉類をふるう。取手つきのざるタイプ、円状の平面タイプなどいろいろある。

### 泡立て器 N
粉類や液体などを混ぜるときに。

### ゴムベラ O
生地や材料を混ぜ合わせるときなどに。耐熱性のものを選ぶと便利。

### カード P
生地を切るように混ぜたり、切り分けたりするときに。

### はかり Q
1g単位で計量できるデジタルスケールを使用。

### 作業台 R
生地を伸ばすなど、成形するときに。オーブンペーパーなどで代用してもよい。

### めん棒 S
生地を伸ばすときに。使いやすいサイズを選ぶとよい。

### ルーラー T
生地を均一な厚さに伸ばすときに使う道具。この本では厚さ1cm、4mmのものを使用。

### パレットナイフ U
クリームを塗るときなどに使う道具。型で抜いたクッキー生地を天板に移動させるときにも便利。

### 刷毛 V
シロップなどを生地に塗るときに。耐熱のシリコン製がおすすめ。

### ディッシャー W
アイスクリームなどを盛りつける道具。生地を型に手早く入れたいときに使うと便利。

### 型 X
クッキー型、パウンド型、角型、マフィン型、タルト型など、作りたいお菓子に合わせて揃える。大きさは、それぞれのレシピを参照。使う型によって温度や焼き時間を調整する。

# 菓子屋ギンガのこと

2010年、東京・世田谷の豪徳寺という町で、
夫とふたりで小さなお店を始めました。
ヴィーガンカレーとお菓子のお店です。
お店を始めた頃に、カレー屋らしいお菓子を作ろうと、
初めてスパイス入りのクッキー〈コリアンダーソルト〉を焼きました。
この本で紹介しているクッキーたちは、その頃に何度も試作して完成した、
今でもずっと焼き続けているお菓子です。

まだ世田谷に住んでいた頃のこと。
休日のある日、初めて白州へ立ち寄り、今の場所からほど近い、
尾白川渓谷に足を運ぶ機会がありました。
そのときに、「ここで暮らしていく」というイメージが湧いて、
導かれるように、今の暮らしとなりました。

山梨へ移ってからしばらくして、娘が誕生して家族が増え、生活が変わり、
それを機に、お店のカタチと屋号を改め、「菓子屋ギンガ」に。
そうして小さな工房でお菓子を焼く日々が始まりました。

山の色合いが毎日違うこと。
春の新緑の香り、夏の朝の虫の声、
秋の木々や葉っぱの色の変化、冬のキンと冷たい空気。
地元でとれる果物や、野菜たち。
季節を感じながら、お菓子と向き合う日々。


店の小さな窓にお菓子を並べるときも、遠くへお届けするときも、
思うことは、ささやかなこと。
手に取ってくださった方に、あたらしい風が吹いたらいいな。
なにかが伝わって、あったかい気持ちになってくれたらいいな。
私にとってはその想いをカタチにするのが、
"お菓子を焼く"ということなのかもしれません。


今日も、小さな工房で、まっすぐな気持ちでお菓子を焼きます。

内田真規子

### 内田真規子（うちだまきこ）

東京生まれ。大学卒業後、服飾、デザイン、飲食の仕事に携わり、2010年より東京・世田谷にて夫とともにヴィーガンカレーとお菓子の店「HOQUBA」を営む。山梨県北杜市に移転後、2015年より屋号を「菓子屋ギンガ」に改め、ヴィーガンのお菓子を研究する日々。今の楽しみは、焼いたお菓子を持って山へ出かけ、お茶をすること。

### お店の情報

現在は、通販でご注文を承り、お菓子をお届けしています。
不定期ですが、月に1、2度、お店をオープンし、
定番のクッキーや、季節を味わっていただけるようなお菓子をご用意しています。
通販やオープン日は、ホームページやインスタグラムでお知らせしています。

| | |
|---|---|
| 住所 | 山梨県北杜市白州町白須8208-1 |
| 電話 | 0551-45-7196 |
| ホームページ | kashiyaginga.com |
| インスタグラム | @kashiyaginga |

---

## 菓子屋ギンガのクッキーと焼き菓子

2019年12月11日　第1版第1刷発行

| | | | |
|---|---|---|---|
| 著者 | 内田真規子 | ブックデザイン | 藤田康平（Barber） |
| 発行者 | 清水卓智 | 写真 | 野川かさね |
| 発行所 | 株式会社PHPエディターズ・グループ<br>〒135-0061　江東区豊洲5-6-52<br>03-6204-2931<br>http://www.peg.co.jp/ | 編集 | 矢澤純子<br>茶木奈津子（PHPエディターズ・グループ） |
| 発売元 | 株式会社PHP研究所<br>東京本部　〒135-8137　江東区豊洲5-6-52<br>普及部　03-3520-9630<br>京都本部　〒601-8411　京都市南区西九条北ノ内町11<br>PHP INTERFACE　https://www.php.co.jp/ | 校正 | 西進社 |
| 印刷・製本所 | 凸版印刷株式会社 | | |

©Makiko Uchida 2019 Printed in Japan　ISBN978-4-569-84559-3

※本書の無断複製（コピー・スキャン・デジタル化等）は著作権法で認められた場合を除き、禁じられています。
また、本書を代行業者等に依頼してスキャンやデジタル化することは、いかなる場合でも認められておりません。
※落丁・乱丁本の場合は弊社制作管理部（☎03-3520-9626）へご連絡下さい。送料弊社負担にてお取り替えいたします。